목마름

글그림 이슬기
채 색 김운하

내게 물좀 떠다오
......
...예?

어째서..
유대인인 당신이 사마리아 여자인 내게 물을 달라 하시는지요
이 우물물을 마시는 자는 다시 목마르겠지만..
내가 주는 물을 마시는 자는 영원히 다시 목마르지 아니하리라
......

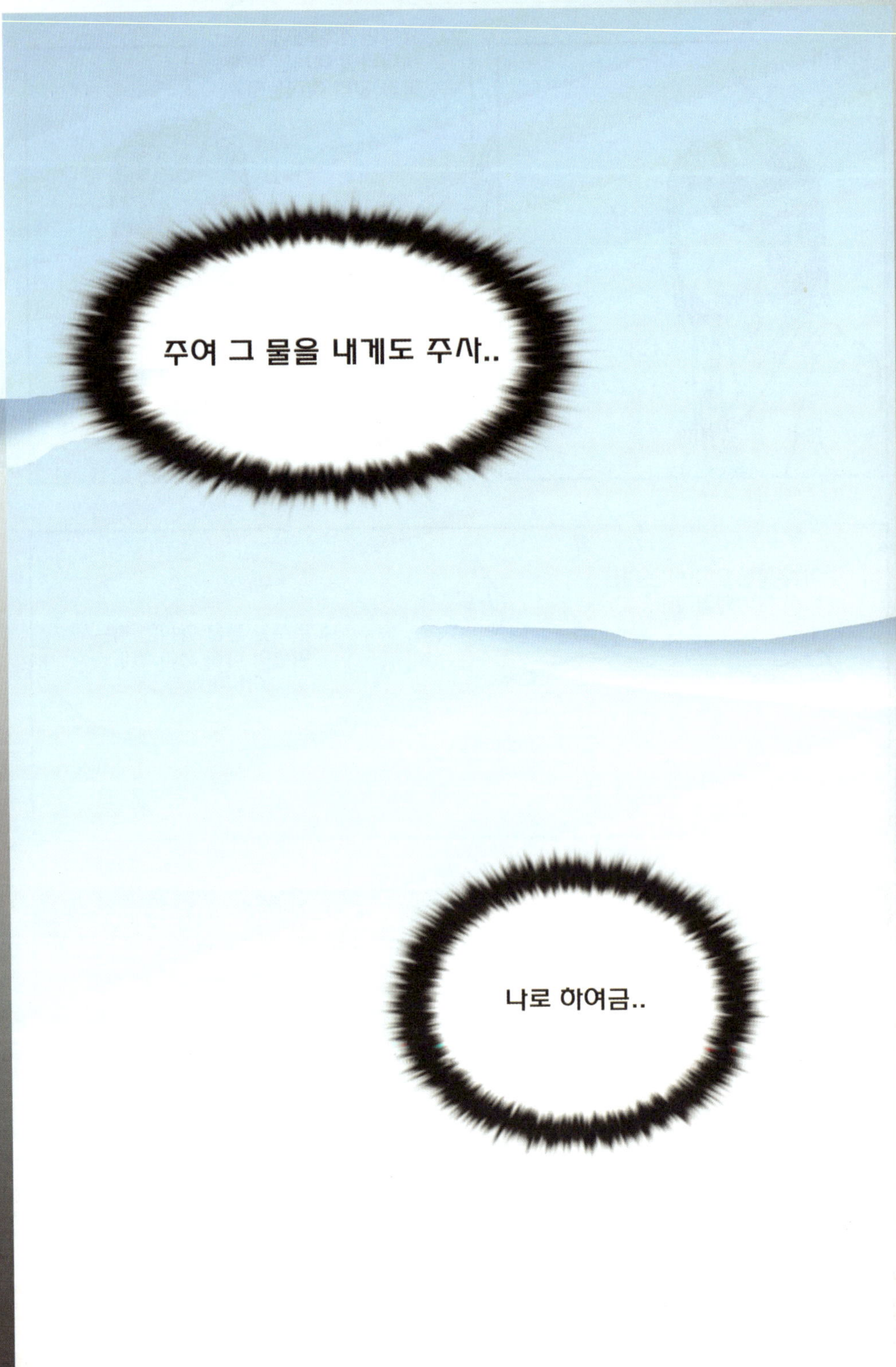
주여 그 물을 내게도 주사..
나로 하여금..

이경숙..

내 이름은 이경숙..
이곳 룸싸롱의 사장이다
이곳은 아무나
넘볼 수 없는
최고급 업소

의사, 장성급 장교, 고위 공직자등
그야말로 최상류층에 속한 손님들이
주로 이용하는 곳이 바로 이곳..
이 곳에서의 왕은 손님이 아닌 나였고
전무님.
옙!
퇴근할테니까
차 대기시켜 놓으세요
알겠습니다
모든 일들은
나를 중심으로
돌아갔다

나이어린 미모의 여 사장이라
불렸던 그 때
그 때는 정말
아무것도 모르던 때였다
주님을 만나기 전이었으니까..

회제 이언적선생의 23대손으로
1947년 12월 경북 영주에서 태어났다.
응애
응애
응애

손이 귀한 양반의 집에서 태어났기에
나에 대한 어른들의 사랑은 각별했다
나는 남부럽지 않게
자라왔고..
여느 소녀들답게
분홍빛 미래를 꿈꾸며
자라왔다.
모든것이 좋아보였다.

하지만 잘못된 결혼으로 인해
나의 모든 꿈은 조각나고 말았다
전부터 내게 눈독을 들여오던
광산의 총각 사장..
처음에는 나도 그의
과묵함에 이끌려
연정을 품었었다

하지만 우리집에서
다른남자와의 혼담이 오가자..

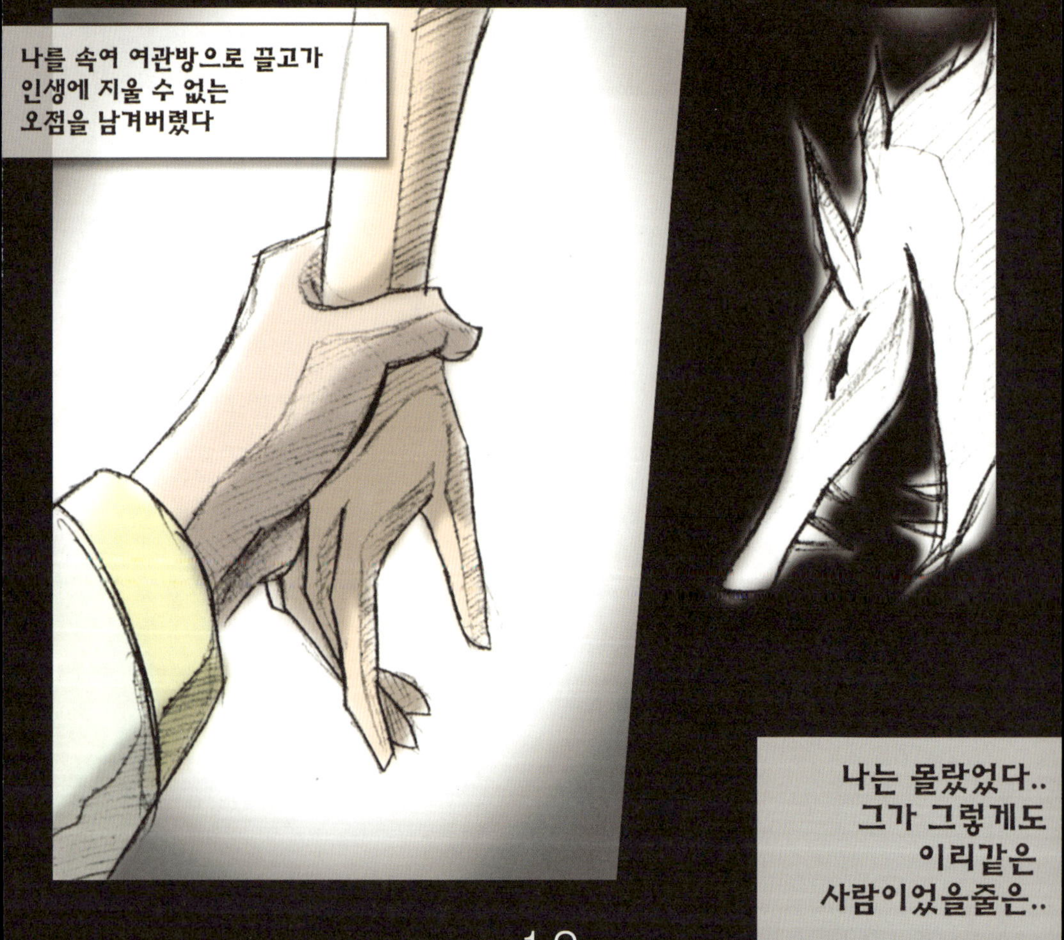
나를 속여 여관방으로 끌고가
인생에 지울 수 없는
오점을 남겨버렸다
나는 몰랐었다..
그가 그렇게도
이리같은
사람이었을줄은..

결국 이 일로 인해 나는 집에서
쫓겨나는 신세가 되었고..
울며 겨자먹기로
그 총각사장의 집에서
살기위해 떠나게되었다
나를 마중나와
환하게 웃던 그의 표정을..
난 잊지 못한다.
원하는 것을
손에 넣었다는
더러운 승리의
미소...

어린 두 딸과 나를
내버려둔체
광산 일에만 매달려 살았고
우리는 그렇게
지쳐갔다..
하지만..그는
점점 변해갔다
남편의 횡포를
견디다 못한 나는
결국 3년간의
동거생활을 접은체
두 딸을 데리고
그곳을 뛰쳐나왔다.

마치 새가 새장을 뛰쳐나와
하늘로 날아가듯이..
집으로 돌아온 나는
생계에 보탬이 되기위해
백방으로 일자리를 알아보았고
다방
아는 친척 아저씨의 연줄로
다방 마담일을 하게 되었다

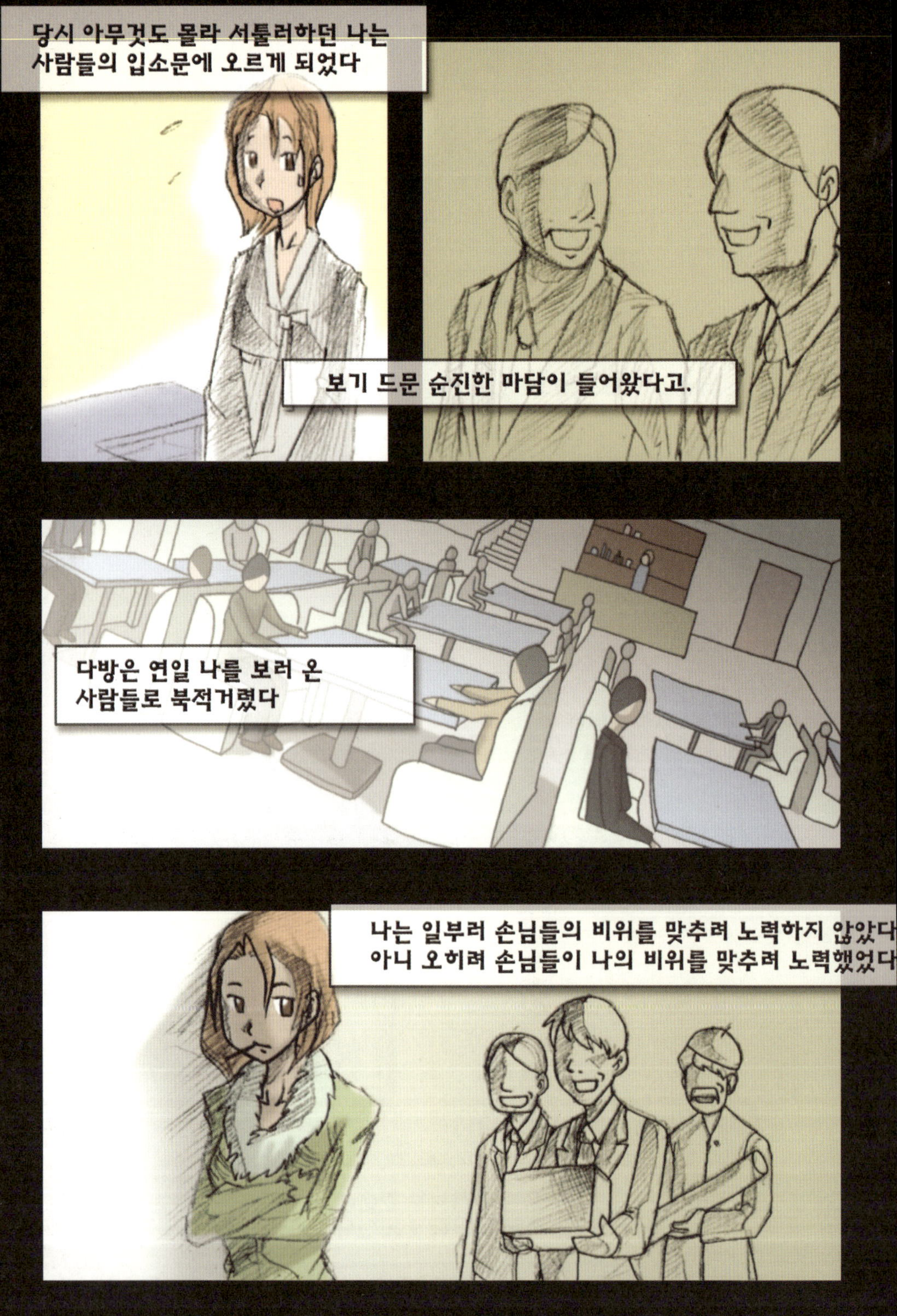
당시 아무것도 몰라 서툴러하던 나는
사람들의 입소문에 오르게 되었다
보기 드문 순진한 마담이 들어왔다고.
다방은 연일 나를 보러 온
사람들로 북적거렸다
나는 일부러 손님들의 비위를 맞추려 노력하지 않았다
아니 오히려 손님들이 나의 비위를 맞추려 노력했었다

그런류의 손님들을 대할때마다
나는 살짝 웃어주었다
세상 모든 남자들에
대한 비웃음..
그것은 미소도 냉소도 아닌
그저 비웃음이었다..
돈이 모이기 시작하자
나는 대구 한가운데 최고급 룽싸롱을 차렸다.
당시로써는 최고의 시설이었다

디자인..인테리어..전부
모든 것을 수입품으로만 꾸몄다

아가씨들도 얼굴만 보고 뽑지 않았다.
언제나 지식있는 미인들로만 선발하였다.

업소가 고급인지라 몰려오는 손님들 또한 최상류층들이었다
일부러 나를 보기 위해 먼 곳에서부터 찾아온 손님들도 있었지만
외출중
아쉬울것 하나 없었기에 웬만해선 만나주지 않았다
부..명예와 인기..그리고 사람까지.. 난 모든것을 손에 넣고 있었다

그렇게 나는..
아무것도 두려울 것 없이
살고있었다..

'반드시 너를 살려놓으마..무슨 짓을 해서라도

- 슮作 북극성中 -

짹짹
……
흠…
스윽

프랑스옷은
생각보다 디자인이
단순하네..
음부턴
리옷으로
볼까나..
흠..

힐끔
슬슬
출발해볼까..
달칵
부우우웅

부르르릉
경숙아! 오늘 거기 어땠어? 맛 끝내줬지?
응, 언니
, 있잖아 울에서 려왔다던 사장이란 사람 나봤어?
별루.. 만나고싶지 않아

이번에도
튕기는거야?
그래도 너무한다~
너 보고싶다고
서울에서 일부러
내려왔다는데
관심 없어
멀리서
왔다는 이유로
어중이 떠중이
다 만나주면
내 자존심이
뭐가 되겠어?
하하..
역시 경숙이야!
아..난 언제쯤
수많은 남자들에게
인기 얻어보려나~
에이, 뭘

오늘
기분을
는지
비도 많이
아지는구나
쏴아아아
상처 모두
소리에
려내려갔음
겠다
쿠쿠
촤아아

?!
앞에
사람!!
??

끼이이이익
퍽

쏴아아아..
사고다!!
사람을 쳤어!!
어디야 어디?
도와줘요
여기야 여기

달칵
환자를 어서 차에 실어주세요
어서 빨리!!
우다닥

쏴아아아
달칵
부들부들
경숙아 침착해
일단 제일
가까운 병원으로
가자

쌔애애앵
어..어쩌지..
어쩌면 좋아..
저 청년..
숨을..
숨을 쉬고있는 것
같지 않아
두근
하나님..제발요..
그때..

이 청년을
살려주세요..!!
나는 처음으로 긍정도 부정
하지않았던 하나님을 찾았
병원
타칵

언니..
나 어떡해..
나 무서워..
괜찮아
괜찮댔어
먼저
집에가
그날 일은 더이상
기억이 없다
TAXI
집에 가까스로 도착한 나는
안정제를 먹고 바로 쓰러졌으니까

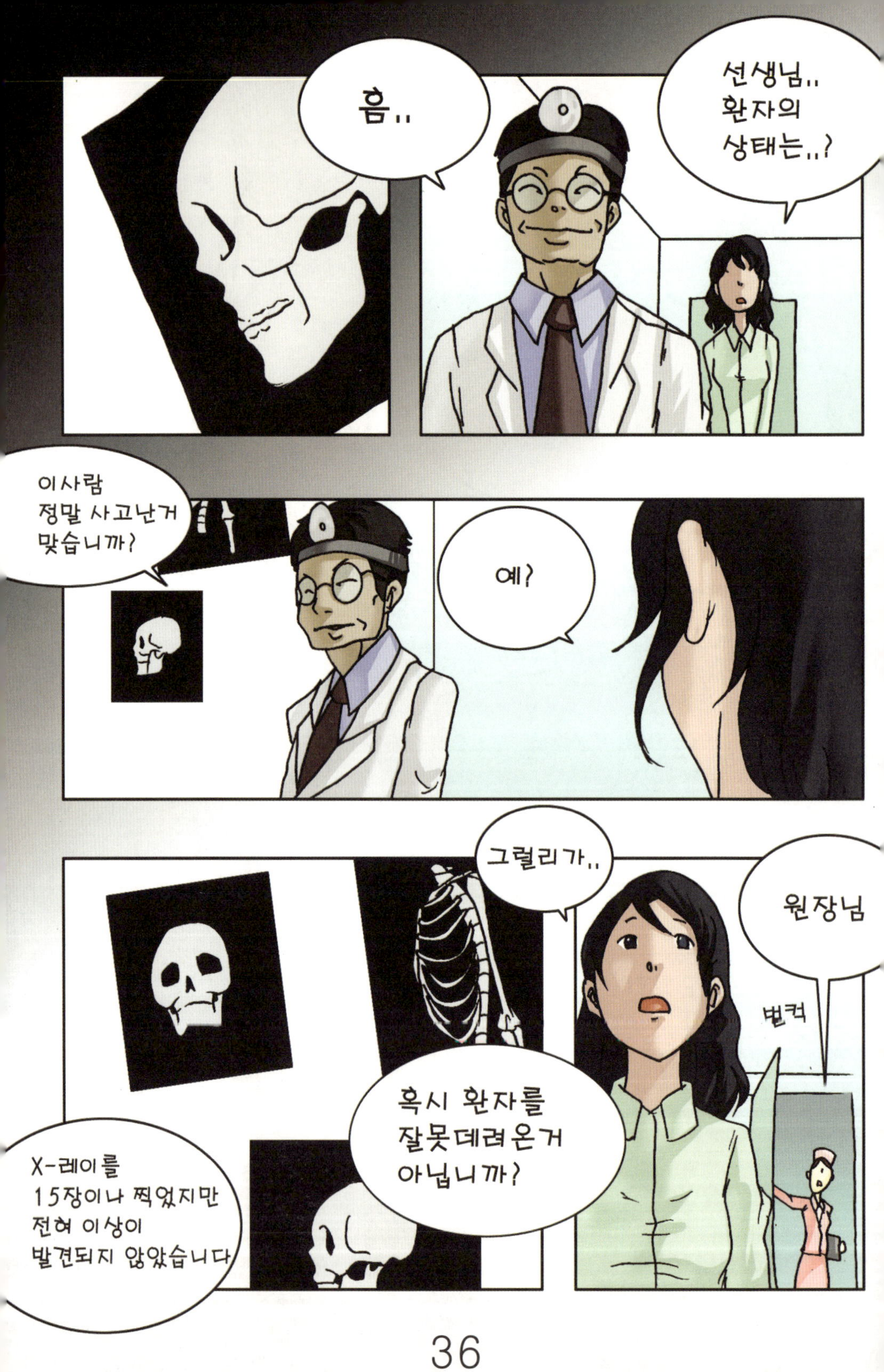
흠..
선생님..
환자의
상태는..?
이사람
정말 사고난거
맞습니까?
예?
그럴리가..
X-레이를
15장이나 찍었지만
전혀 이상이
발견되지 않았습니다
혹시 환자를
잘못데려온거
아닙니까?
원장님
벌컥

환자가
깨어났습니다
?!
달칵
24
툭
툭
저기..
많이
다치셨던것
같은데...
주섬 주섬
예 괜찮아요
하지만
분명히..
저기..

누군가가 저를 위해 기도하는 소리를 들었는데..
혹시 누가..?
그 언니가 전해
그 청년의 이야기는
이러했
자신을 목사님의 아들이며 신학생이라 밝힌 그 학생은
중고등부 학생들에게 성경을 가르치러 교회에 가는 길이었다고 한다
그런데 갑자기 가기 싫은 마음이 들더라는 것이다

래서 그냥 되돌아오는 길이었는데
고를 당한 것이라고 한다
언니는 혹시 모르니
입원하다 가라고 했지만
청년은 그저 씨익 웃으며
집에 돌아갔다고 한다

그날 왜 난 그렇게도 하나님을 애타게 부르짖었는가
나는 그것이 앞으로 내게 역사하실 하나님의 손길의 시작이었다는 것을 한참 후에나 깨달았다

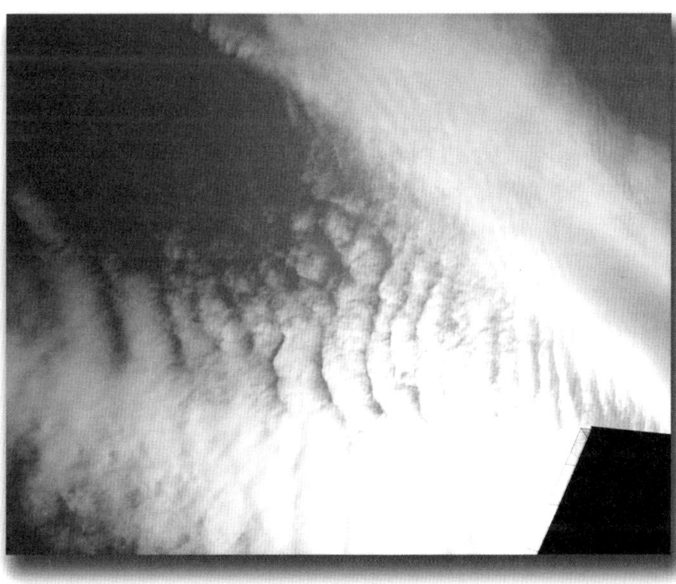

구름은 단지 태양을 가리기만 할뿐..
태양을 없애지는 못한대요..

- 숌作 오래된 일기장 中 -

따악
사장님 나이스샷!
오~장타력 좋으시네요
하하
박사장님 샷이 훨씬 더 부드럽던데요
에이~ 전 아직도 멀었어요~

래도
장님이
대하신다니
방 날려보죠
허허
1979년 4월.
자동차 사고가 있은지
꼭 일년만의 일이다
자아~!
갑니다~!!

스윽
따악
빠각
?!!

이사장님!!
률 극악의 골프공에 머리를 맞고 쓰러진 날이..
구급차 불러!
지,,지금 당장!!

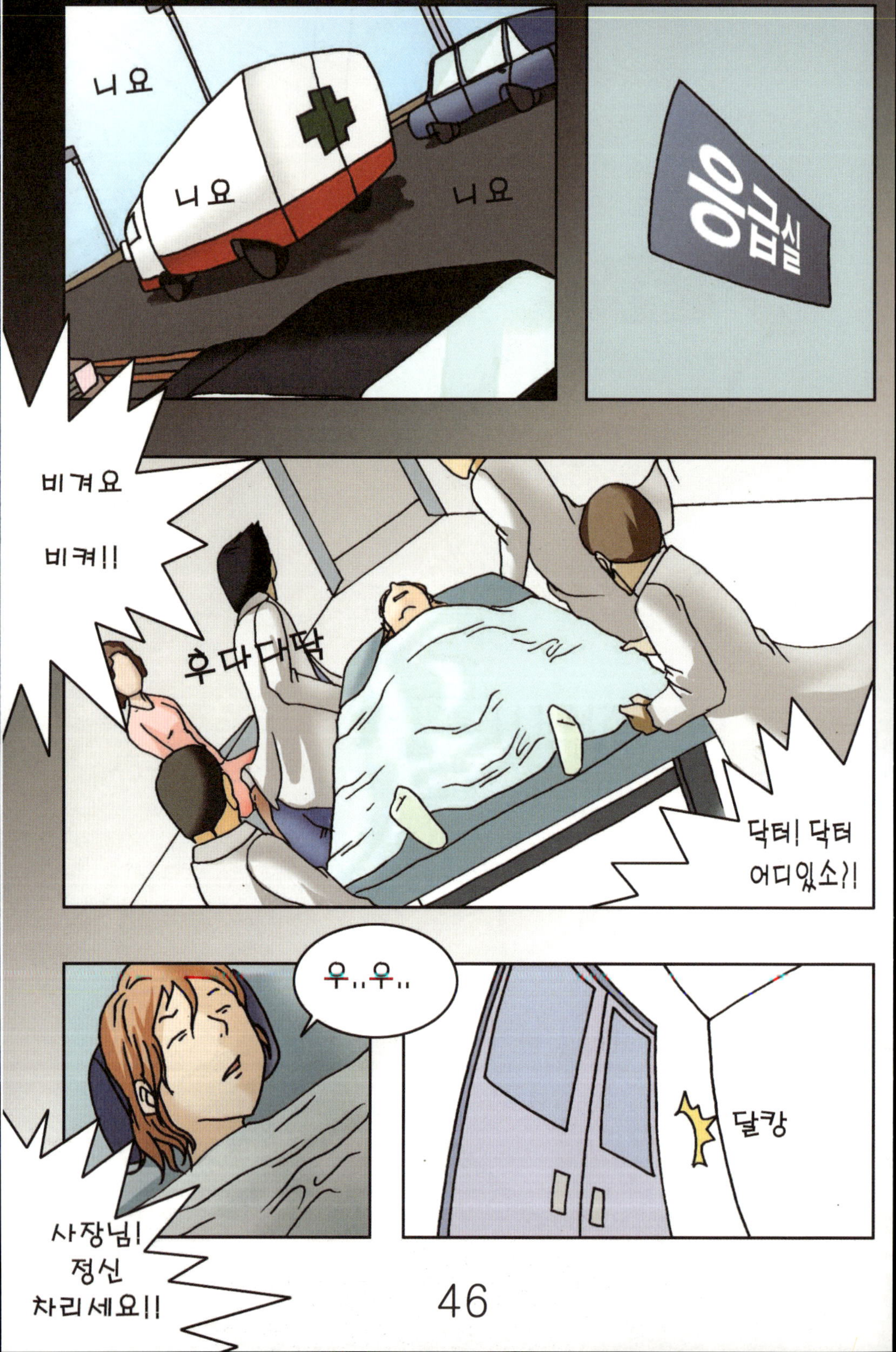

니요
니요
니요
응급실
비켜요
비켜!!
후다다닥
닥터! 닥터
어디있소?!
우..우..
사장님!
정신
차리세요!!
달캉

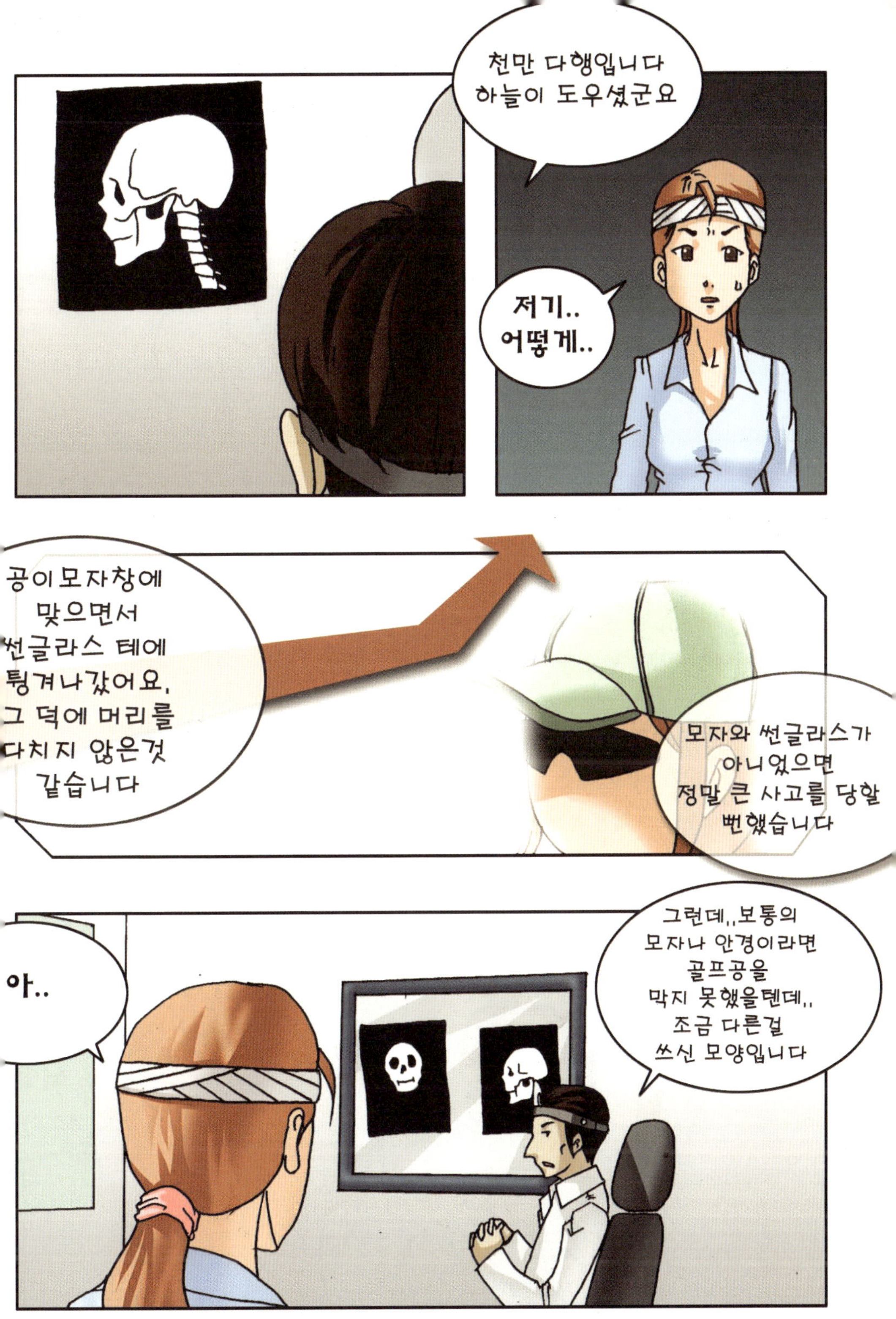
천만 다행입니다
하늘이 도우셨군요
저기..
어떻게..
공이 모자창에
맞으면서
썬글라스 테에
튕겨나갔어요,
그 덕에 머리를
다치지 않은것
같습니다
모자와 썬글라스가
아니었으면
정말 큰 사고를 당할
뻔했습니다
아..
그런데,,보통의
모자나 안경이라면
골프공을
막지 못했을텐데,,
조금 다른걸
쓰신 모양입니다

전 그저 국산이
맘에 들지 않아서..
외국 제품을
쓴것 뿐이예요..
하하!
완전무장을
하고 가셨었군..
!?
그러고 보니
그 답답한 것들
내가 왜 쓰고
나갔었지
이건 우연이라고
하기엔 좀
일단 고비는 넘겼지만
뇌를 다쳤을지도 모르니
계속 관찰해봅시다
예?
뇌..뇌요

ㅣ진탕이
있을지도 모르니
ㅏ층 결과를
ㅣ켜봐야해요
아직도
끝난게
아니었단 말야?
그 외에
큰 부상은
없는것 같으니
일단 몇주간만
지켜보죠
제 나가셔도
좋습니다
설마 더 이상
무슨 일이
생길라구..

7주일 뒤
퇴원을 축하 드립니다
아..
그래 고마워
많이 야위셨네요, 조금 쉬시다보면 나아질거예요
부우웅
......

이젠 다
나았겠지..
괜찮을꺼야..
의사도 아무이상
없다고 했으니까..
날 밤
끄응
끄응
하아..
하아..
하아..

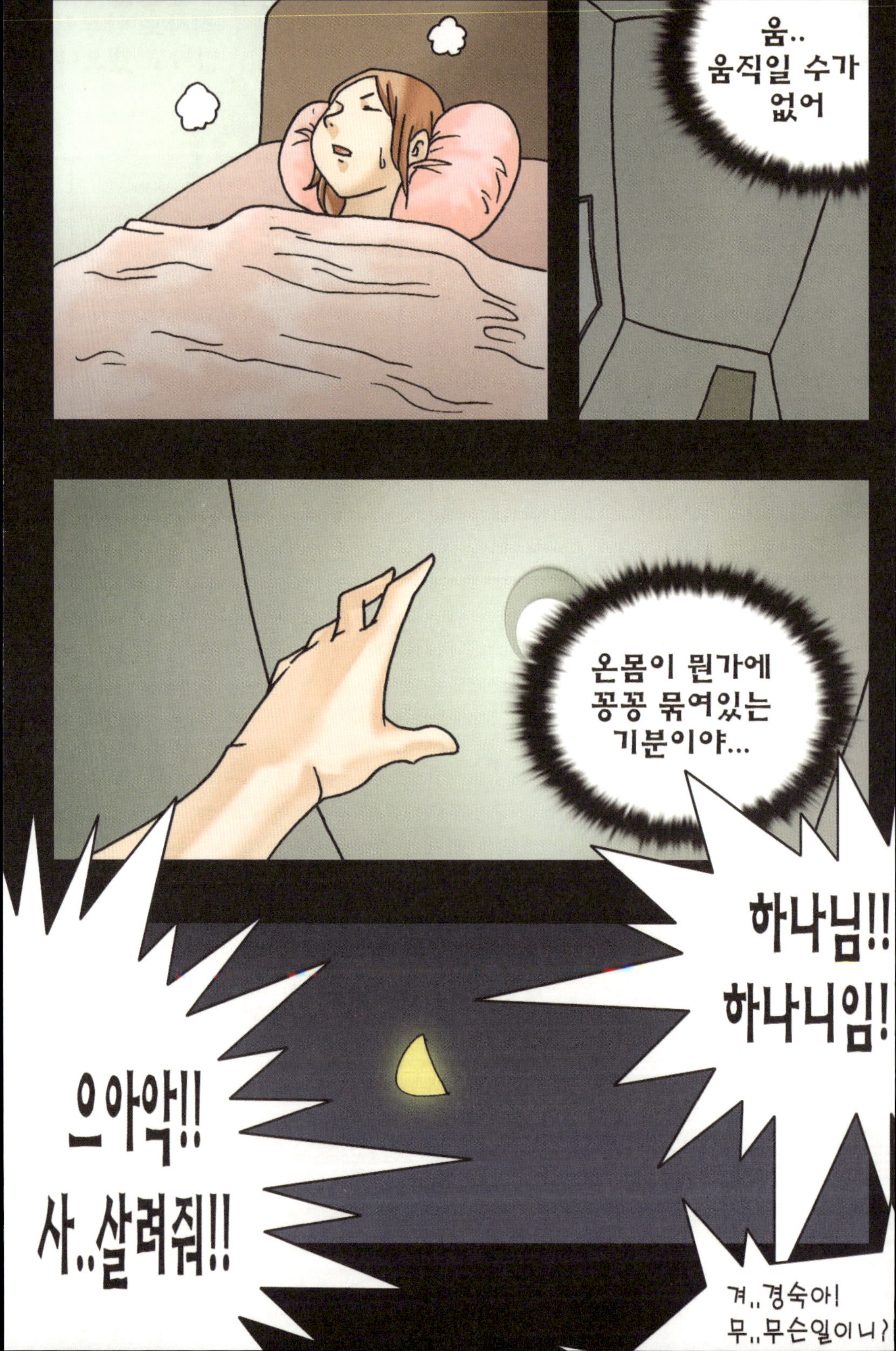

움..
움직일 수가
없어
온몸이 뭔가에
꽁꽁 묶여있는
기분이야...
하나님!!
하나니임!
으아악!!
사..살려줘!!
겨..경숙아!
무..무슨일이니?

흐음..
어떤가요
선생님..
시다시피
흡,맥박,혈압등
두가 정상입니다
혀 문제가 없어요
그럴리가
없어요!
아무 이상이
없다니..!?
아무래도
불안감에서
오는 마음의 병
같습니다.
며칠간 안정을
조금 취하세요

멀쩡하긴
어디가
멀쩡하다는
거야!!
당신,
의사 맞아
아아..
또..
정신이..
핑그르르..

..여긴..
..어디지..?
저건..
저건 또 뭐야..
교회..
십자가..
십자가..
십자가?!?

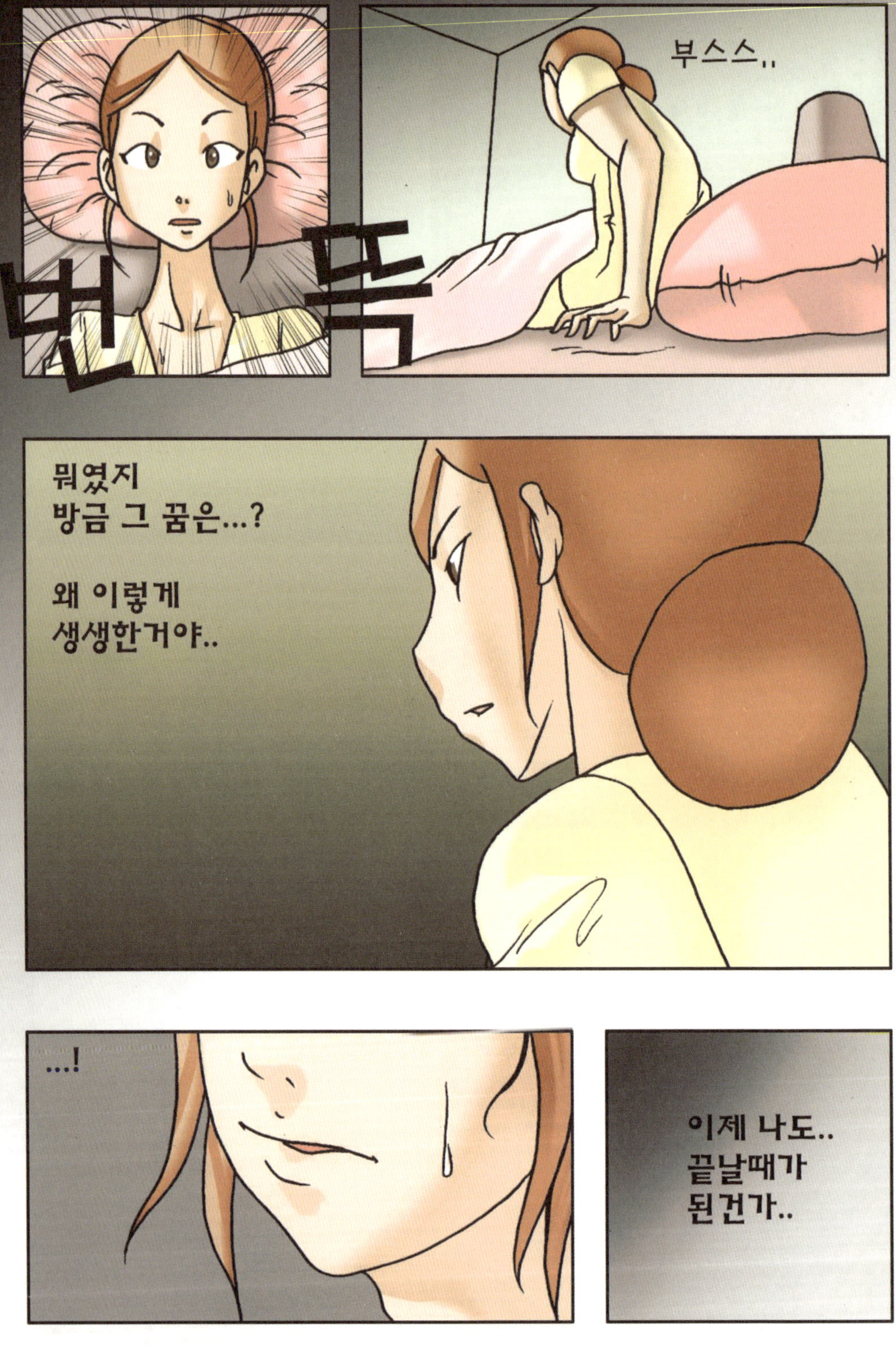
벌떡
부스스..
뭐였지
방금 그 꿈은...?
왜 이렇게
생생한거야..
...!
이제 나도..
끝날때가
된건가..

다음날
부우웅
......
부아아앙
누구세요?
딩동딩동
언니 나야

경숙아!
아이고 경숙아..
네가 고생이 많다..
얼굴이 반쪽이네..
언니야..
언니랑..
하고싶은 말이
많아..
나는 언니에게
자초지종을 이야기 했다
죽다 살아났지만
매일 고통이 엄습해오는
이야기들..
아..

야기가 한창일때
리 업소에서 잠깐 일했던
담이 이야기를 꺼냈다
저기요..
혹시 예수님 믿어보지 않으실래요?
뭐?
는 맨 처음에
포자기로 믿었는데..
고나니까
이 바뀌드라구요
병도 낫고..
일도 잘 풀리고..
꿈속에서는
예수님도
만났는걸요?
피식
이봐.
요즘같은
첨단 과학 시대에
무슨 미신같은
얘길 하는거야?

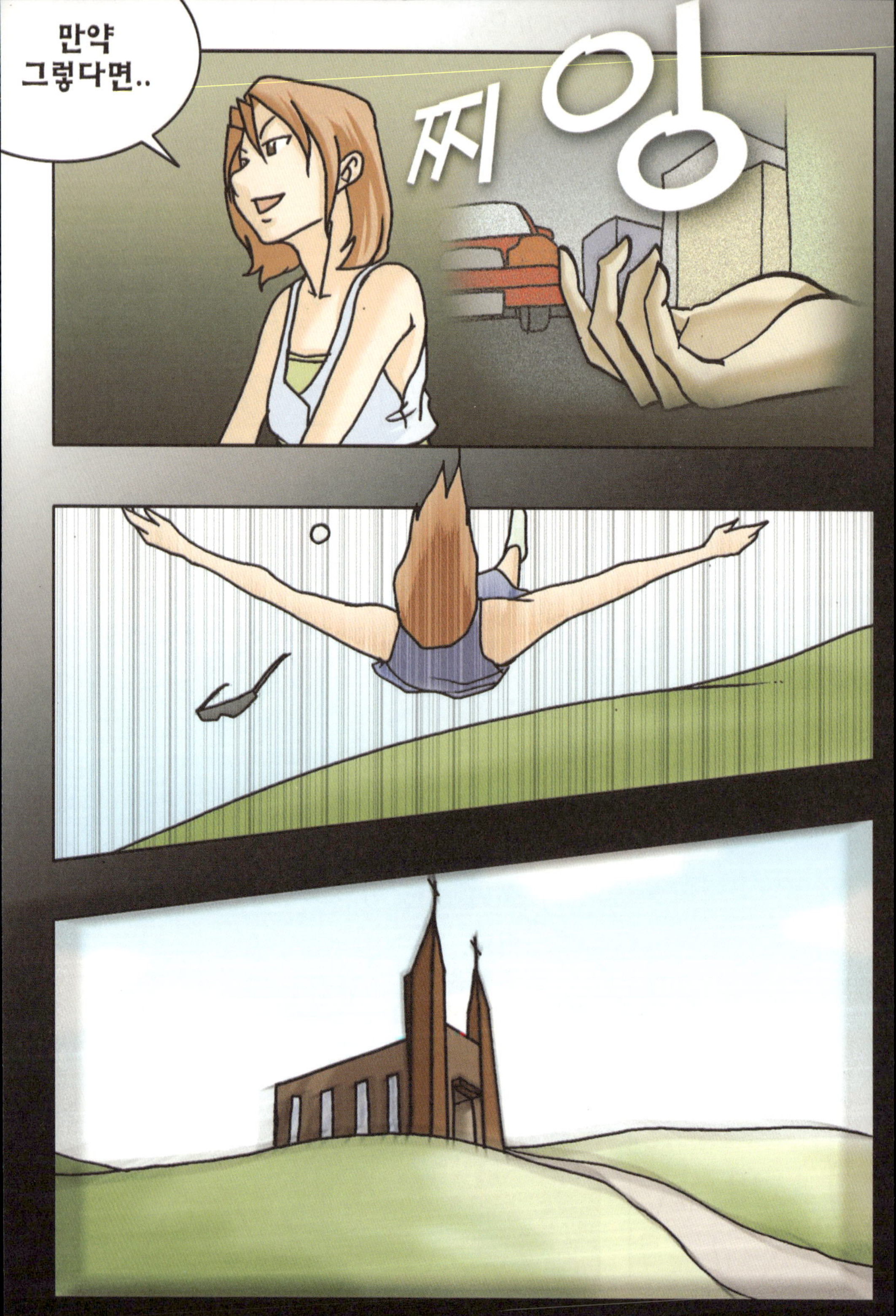
만약
그렇다면..
찌잉

뭐,,뭐야,,
왜 갑자기
그때 일들이,,
,,
떠오르는
것이지,,?
!!

언니!
나 집에 갈래
뭐 벌써?
부릉
혹시라도..
정말 혹시라도..
만약 그런거라면..

언가를 깨달은 나는
장 집으로 향했다
또각
또각
야!
우리
교회
나가자!!
벌컥

밀져야 본전
아니겠어?
교회가면
병을
고칠 수 있다

아 누나!
렇지 않아도
일 다 같이
가기로 했어
에?
왜 있잖아
밑에집 사시는
집사님 내외분
들이랑
아니 왜 나한텐
한마디도
의논 안한거야?
누나같은
무서운 사람한테
선뜻 그런말 하겠어?
아래층에 세를 놓아준 집사님 두분
하긴..
난 이 두사람을 무척 싫어했다

빈곤한 오뎅 장사인것도 그 이유였지만
우리와 어울리지도 않는 가난뱅이
같은 건물에서 산다는 자체가 맘에 들지 않았
특히 내 차고속에 그 꼴보기 싫은 오뎅 리어카가 보일때마다
나는 미친듯이 클락숀을 울려 화를 풀었다. 물론 한밤중이라도.
부부가 맨발로 뛰어나와
굽신거리던 그 꼴이란..
나중에야 안 일이지만
그분들은 나를 위해
두달동안 작정기도를
드렸다고 한다
내가 주님을
영접하게 해달라는
눈물의 기도를..
그 분들의 작정기도에
나는 그만 하나님께
잡혀버린 것이다

일 날 아침
나
가야돼?
글쎄..
괜히 나
헛걸음만
시켰담봐라!
툴
툴
거..혹시
저기 아냐?
뭐?

어디??
!

저 교회는
설마..꿈에서 본..

새가족 여러분 환영합니다
꾸벅
ㅏ, 이쪽으로 오세요
ᆫ내해 드리겠습니다
언니?
ᆫ니 뭐해?
이쪽이래
안오면
그냥 두고
간다?!
……

끼이익

십자가..

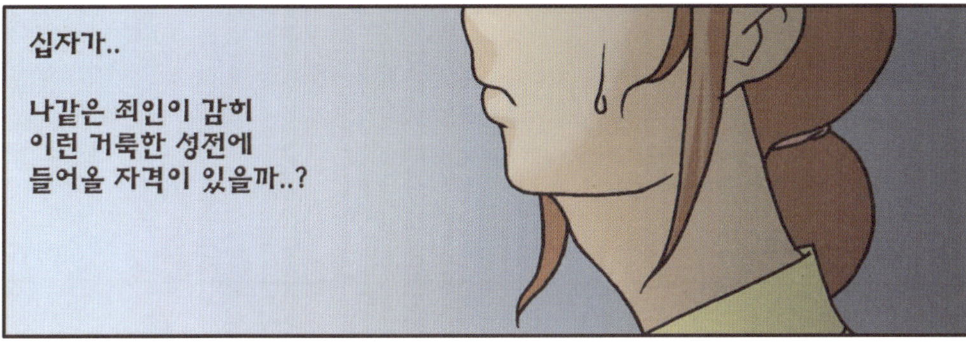

십자가..
나같은 죄인이 감히
이런 거룩한 성전에
들어올 자격이 있을까..?

그래..
난..죄인이었어..
내가 즐기고 행했던
모든것들이..사실은
전부 죄였던거야..

이 쪽입니다
자매님
두근
두근
두근
두근
웃..
또 가슴이...
제발..
살려주세요.....!

나는 이미
죽은 목숨입니다..
제발 살려주세요..
회에서
고싶지 않아요
더라도
에서 죽게
주세요..!!
1979년 5월 13일 아침..

나의 첫 예배는
그렇게 시작 되었다

사랑은 움직이지 않아..
그렇기에 사랑이라고 부르는거야..

예? 뭐라고요?
저기... 그러지 마시고 딱 한번만 기도 받아보세요..
치유의 은사를 가진 전도사님 이세요
아 됐어요. 내일 서울에 병원 예약 해놨으니까.
치유의 은사 우리집에 오겠다고
아이 참, 이선생님.. 그래두 한번 받아보세요~
내가 누군가. 천하의 이경숙 아닌가?
아무리 내가 교회를 출석하고는 있다지만
그렇다고 어중이 떠중이 전부 내 집에 들여다 놓을수는 없는 일.

이상은 안되겠어
기서 선을 그어야지
를 뭘로보고..
나, 천하의 이선생.
이경숙을..
...? ....??
만..
금 집사님이
를 뭐라 불렀지?
이선생님..
부탁드릴게요
선생님?
같은 사람한테 선생님이라구?
장님이 아니라?
선.생.님?

뭐..뭐지? 이 범접할 수 없는 포스는..?
선생니임...
서어언생니이이임...
우우우우우우우우우우
선생님...
한번 모셔와보세
대신 시원찮으
바로 내보낼겁니
조..좋아요..
흠흠
앗!? 넵!!

례합니다
열려있어요
벌컥
!녕하세요
·매님?
반갑습니다

많이 아프셨다고
하셨는데
이제 걱정마세요
저희가 함께
기도해
드리겠습니다
띠딩

@#$%#@$%&
@$%^&$%$#
$@#$%
!@#$*
전도사님이 자신의 간증과 이야기로
신없이 설교를 늘어놓으셨지만
귀에 들어오지 않았다
부들
부들
삐걱
삐걱
······

며칠전 필리핀에서
주문해 들여놓은
3000만원짜리
대나무 의자가
계속 비명을 질러대고
있었기 때문이다
혹시나 의자가
내려앉지 않을까 하고
내 신경은 오직
의자에만 집중하고 있었다
이러다
병이 더
악화되는거
아닐까..
자!
침대로 가서
누우세요
예

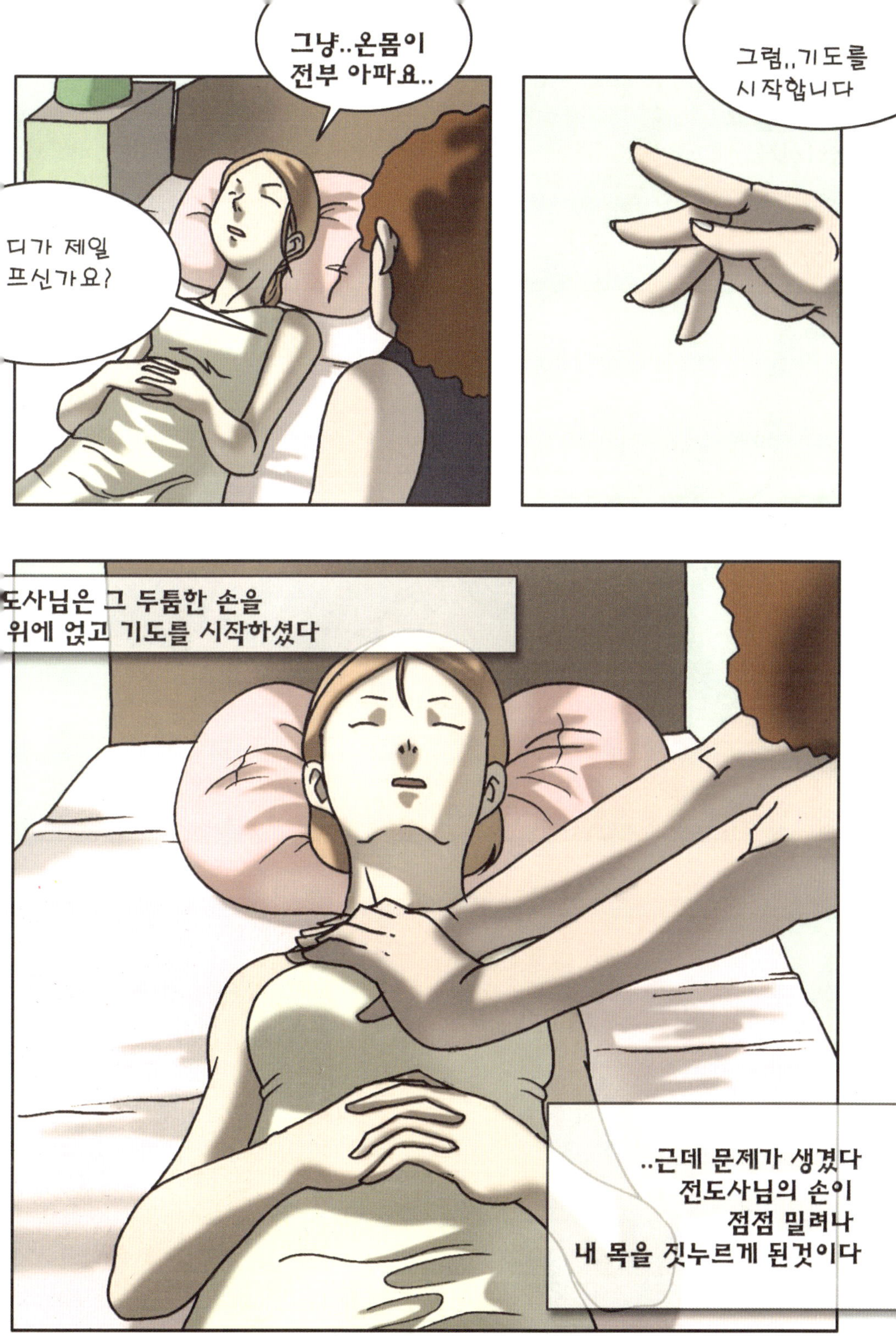

그냥..온몸이
전부 아파요..
디가 제일
프신가요?
그럼..기도를
시작합니다
도사님은 그 두툼한 손을
위에 얹고 기도를 시작하셨다
..근데 문제가 생겼다
전도사님의 손이
점점 밀려나
내 목을 짓누르게 된것이다

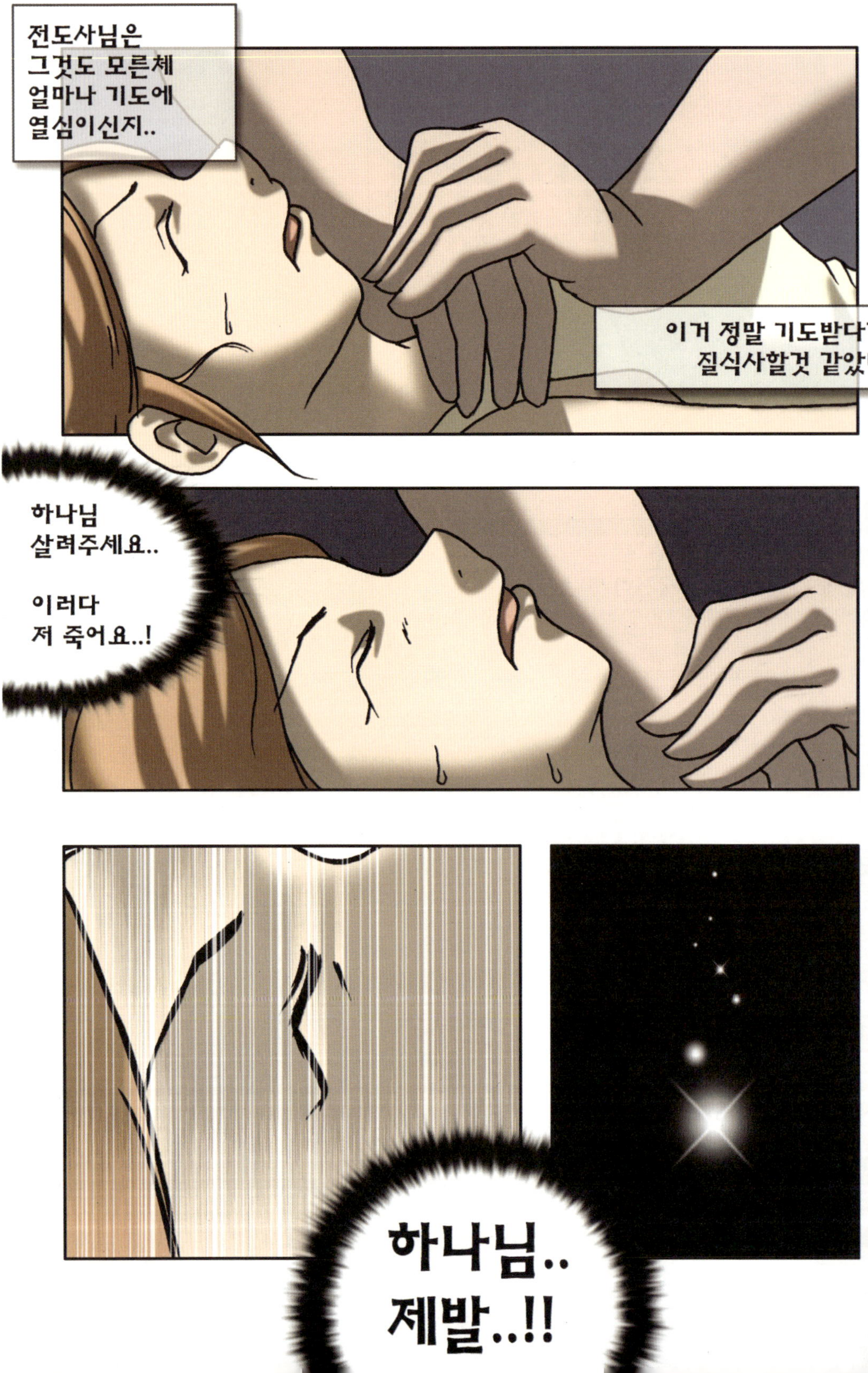
전도사님은
그것도 모른체
얼마나 기도에
열심이신지..
이거 정말 기도받다
질식사할것 같았
하나님
살려주세요..
이러다
저 죽어요..!
하나님..
제발..!!

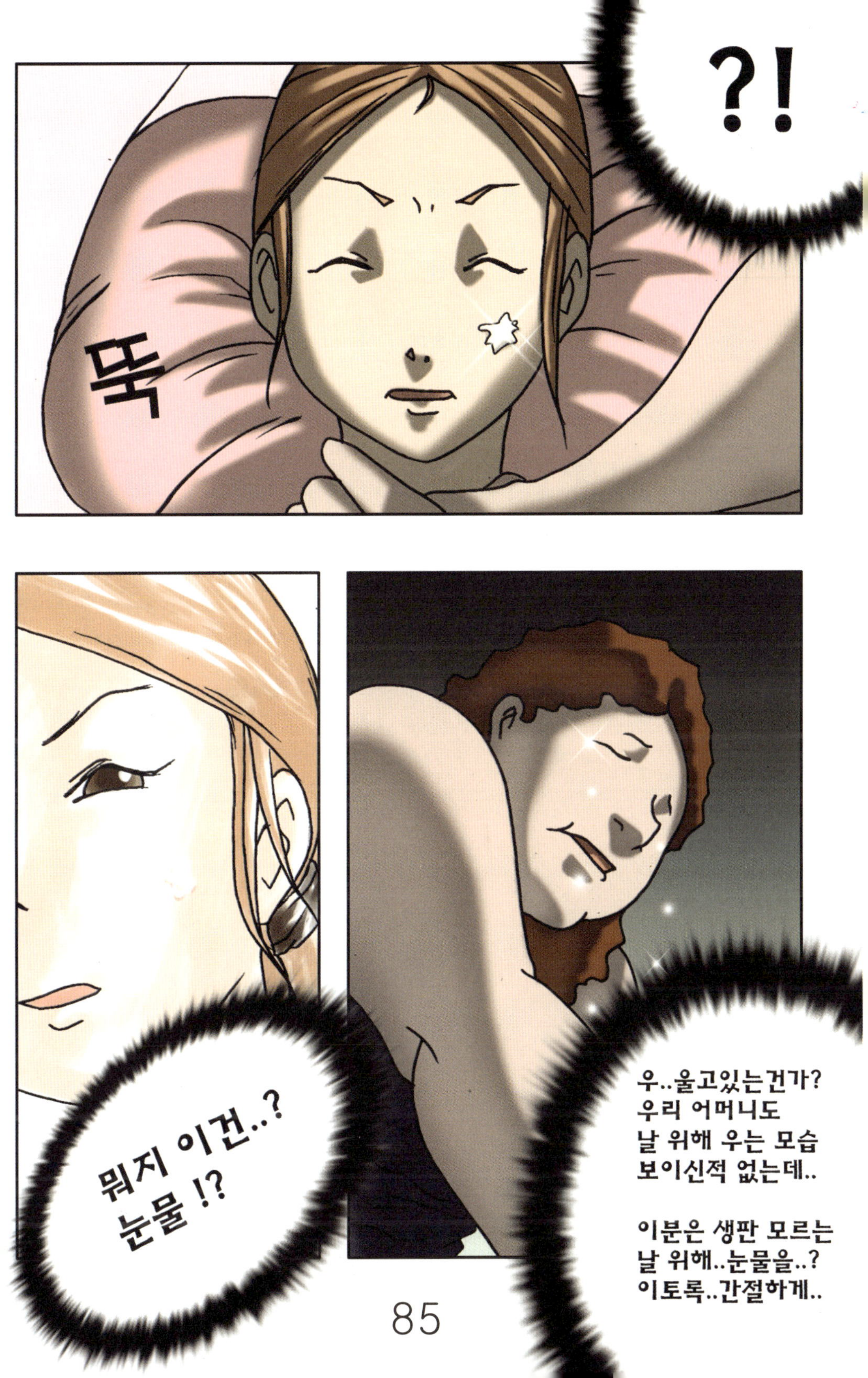
?!
뚝
뭐지 이건..?
눈물 !?
우..울고있는건가?
우리 어머니도
날 위해 우는 모습
보이신적 없는데..
이분은 생판 모르는
날 위해..눈물을..?
이토록..간절하게..

τκφκδγκσμσ Εκφδ
κ σκδμφ ωλδφεκ!!
γκσκσλαδμλ
αυδδμφ σνρκ
δφρλφΤησι
ωνσλαδμλ
αυδφυδ
δλσλαη
εμσ θυδε
μφδμσεκδ
ωκδδπ Εφσ
κφ ωλδφεκ!!
뭐..뭐지..?
이 언어는..
일어? 불어..?
νσλαδμλαυδφυδδλσλαη
μφδμσεκδωκδδπ Εφσκφ
도대체
이 말들은
어디서
배우신 걸까..?
주님..만약
저 알수 없는
언어의 주인이
하나님이시라면..
하나님이 정말로
살아계시다면.
제발..
제발 저의 병을
고쳐주세요..!!

주님..!!!

부우우웅

슈우욱
뭐지..?
방금 내 몸에서
무언가가..!?
빠져나갔어..!
뭐지 이 기분은?
부웅..

뭐지 이 기분은?
하늘끝까지 날아오르는 기분이야

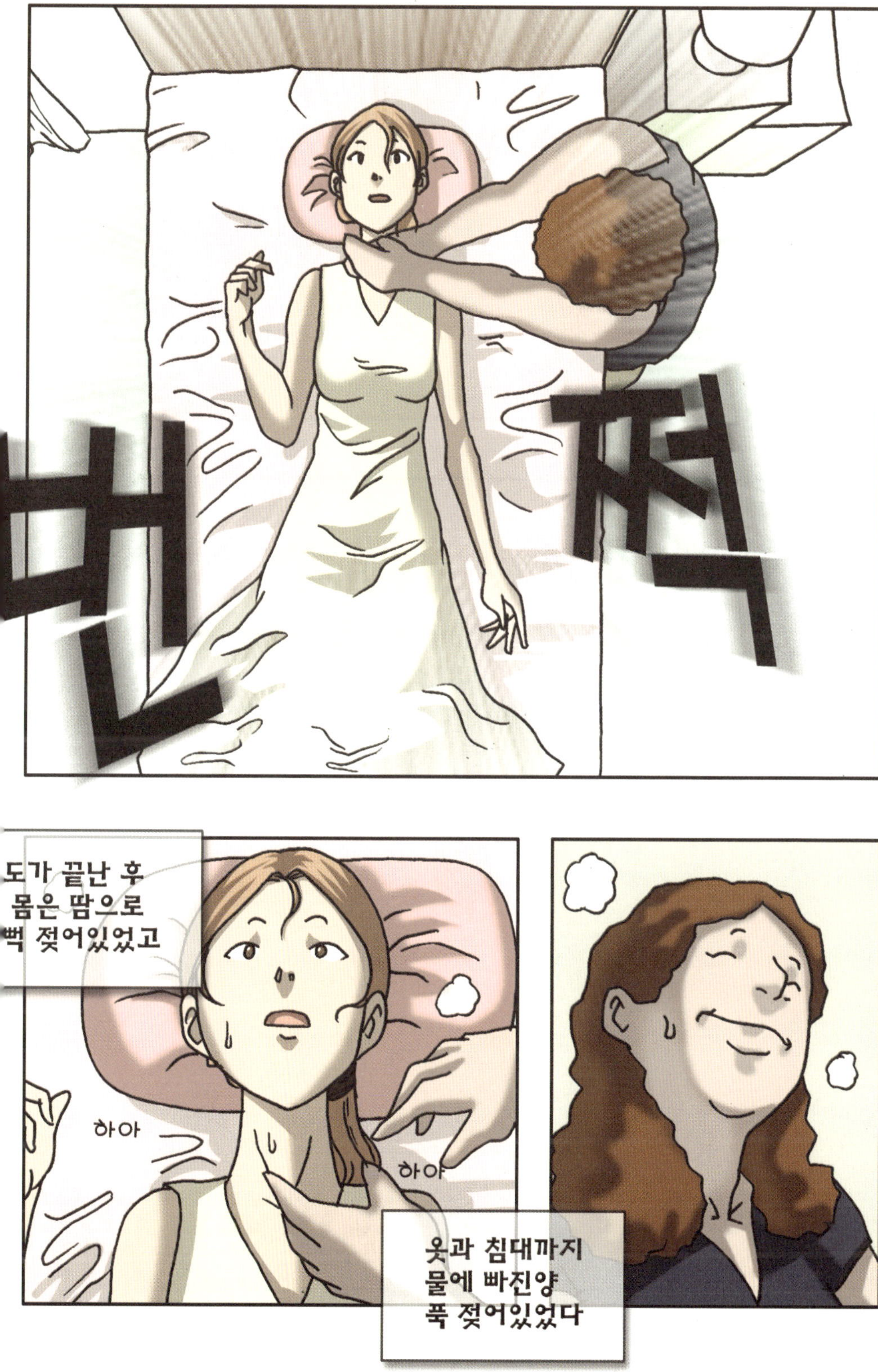
번
쩍
도가 끝난 후
몸은 땀으로
뻑 젖어있었고
하아
하아
옷과 침대까지
물에 빠진양
푹 젖어있었다

사.라.졌.다...!

내 몸의 모든 병들이..
대여섯개가 넘은 모든 합병증이..

전부..다..사라졌다..!!
할렐루야!!

내 이름을 경외하는
너희에게는
의로운 해가 떠올라서
치료하는 광선을 발하리니..

말라기 4:2 中

싱글벙글
싱글벙글
싱글벙글
싱글벙글
싱글벙글
싱글벙글
싱글벙글
싱글벙글

사장님 요즘
무슨 일이시지?
지난주만 해도
금방이라도 죽을것
같으시던 분이..
그러게..
아까부터 계속
웃고만 계시더라
소곤
소곤
소곤
분에 업소에
위기가
아나고있어
역시 사장님은
웃는 모습이
이쁘시다니깐
...너무도 마음속이 평안하다
으갸갸갸갸

어젯밤처럼
평안하게 자본적이
과연 몇번이나 있었을까?
아..너무 기뻐..
예수님을 만난다는게
바로 이런거였어?
저..사장님..
응?!
반짝
반짝
헉
여기..
결재 부탁드립니다
결재철
척

잠깐만요
어디보자..
이번달 매출이..
사업 보고서
주류
와인
위스키
맥주
지난달에
로 들여온 술을
은 손님들이
겨 찾고있습니다.
사장님께서 직접
고르신 술이라 그런지
사람들 반응이
더욱 좋을 수 밖에요
감사합니다

이 모든게
사장님의
덕분입니다
사장님이 안계셨다면
돈도 명예도 없이
우리 업소의 종업원이라는
자부심조차 없었을 테니까.
고맙습니다
감사합니다
사장님
모두가
사장님 덕분이예요
정말
감사합니다

..그러고 보니..
나는 사장이었어..
부우우웅
이곳에 있는
모든 종업원들이
나만 바라보고
있지 않은가..
룸싸롱의
사장..
그래..
그동안
잊고있었지..
나는..
유흥업소의업주..
사장이었다는 것을..
부우웅..

주님..

주님..
어떻게
해야하나요..
저는 싫습니다..
술장사하는
그곳이 이젠
너무나도 싫습니다..
하지만 업소의
종업원들과
우리 가족들의 생계는
어떻게 해야 하나요..

나는 불의의 재물을
기뻐하지 아니한단다..
사랑하는 딸아
내가 거룩하고 깨끗한 돈을
너에게 채워주마

그래..그랬어..
하나님은
이 장사를
싫어하셨어..
청산하자..
주님이 싫어하시는
이 룸싸롱을
청산해버리자..
하나님은
전능하셔..
나님이 분명히
새로운 것으로
룩한 것으로
채워주실거야
주께서 나와
동행만
해주신다면
난 두렵지 않아
자신있어

나 왜 이러지..?
갑자기 마음이
너무도 평안해..
뭐든 전부
할 수 있을 것
같아
다음 날
예?
지금 무슨
소립니까
사장님!!
가게 문을
닫는다니요?

도 안됩니다
시 한번 생각해
십시오 사장님!!
가게문을 닫으면
그 많은 종업원들은
어쩌란 말입니까?
만!
두
용해
세요
잠
잠
가게를 처음 열때
는 아무것도 두려울 것이
없습니다
모든것이
나를 중심으로
돌아가고
있었으니까요

그러다 차츰차츰
돈이 모이게 되고..
가게가 번창하고..
그리고 여러분들과 같
무수한 인재들
두게 되었습니
하지만 재물이 모일 수록
인기와 명성이 높아질 수록
내 마음속의 공허함은
채워지지 않았죠
스스로 공허함을 채우기 위해
모든 수단을 동원해 봤지만
돌아오는 것은 질병과 허탈감 뿐
그러다 비로소
내 공허함을
채워주실 분을
만나게 되었어요

ㄱ 분은 바로
ㅔ수님 이십니다
그 분을
만나고 나서
모든것이
회복되었어요
이제
분께서 원하시는
을 살려합니다
그리고 예수님께서
기뻐하시는
일만 할것입니다

고로 이 룸싸롱은
오늘부로 문을 닫습니다

그동안 모두
정말로
수고 많으셨습니다
그렇게..
수년간 번창해오던
룸싸롱은
완전하게
문을 닫게 되었다

백설이 만건곤할제 독야청청 하리라

- 성삼문 시조中 -

며칠 후

아니 갑자기 웬 젊은 처자들이 이리도 많이 들어왔지?
그 이사장이라는 룸싸롱 주인집에서 일하던 종업원 들이라는군
그럼, 예배를 시작하겠습니다
전능하사 천지를 만드신 하나님 아버지를 내가 믿사오며..
내가 종업원 서른명을 교회에 데리고 가니 좁다랗던 교회가 아가씨들로 가득 차버렸다

난한 성도들만 있던 교회에
련되고 화려한 아가씨들이
체로 등록하자 어른들은
으로는 놀라면서도
청 반가워 했다
부조화 속의 조화라고나 할까..
하지만 이렇게 이루신 하나님의 계획은
그 무엇보다 아름다웠다
하지만 또 한편..
시련이 다가오고 있었다..

따르르릉
따르르릉
따르릉..
달칵..
여보세요?
예..
그렇습니다만..
아..지금
이리로요..?
알겠습니다..
따르르르릉
따르르르릉

여보세요..
예..
죄송합니다..
사실입니다..
예 알겠습니다..
그럼..내일 아침에..
달칵
가 가게문을 닫았다는 소리를 듣자
래처에서 난리가 났다
주류및 안주류..
슈퍼마켓..각 은행, 세무소..
모두 내가 술장사하면서
거래하던 곳이었다

사람들의 세상 인심은 참으로 잔인했다.
돈이 사람의 지위를 좌우하니 말이다
하지만 나는 하나님께 모든것
맡겨놓았기에 담대하
감당할 수 있었
거래처 사람들은
전화를 걸고
연신 집을 드나들었다
내가 문을 닫으면서 생긴
빚들을 받아내기 위해..
나는 새벽기도에 나가
주님께 매달렸다.
내 모든것을 맡기고 기도했
그러자 내게 담대함이 생겼

지금 저들에게 필요한건
돈이 아닌 구원이야..
그래..
거래처 사람들에게도
복음을 전하자..!!
구원..
이사장!
대체 내 돈
제쯤
으실꺼요?
자꾸
이러시면
곤란해요
이사장!

이사장,
우리 말을 듣고 있긴 있는거요?
말좀 해보시죠 이사장님
여러분들. 제가 누구입니까?
그야 이경숙사장 아닙니까?
아니 웬 뚱딴지같은 소리요?
말이라고 물어요? 잘 나가다가 예순가 뭔가 믿더니 쫄딱 망한거 아닙니까?
그렇다면..지금 제가 어떻게 살고있나요?

이 기회를 놓칠세라.. 나는 예수님을 소개하고
하나님의 살아계심과 예수님을 통한 구원.
지옥의 형벌에 대해 열을 내면서 전하기 시작했다
우리 모두 예수님을
믿어야 합니다
그분의 사랑속에
들어가
살아야만 해요
사장,
써 설교만
시간째요!
내 돈 줄거요
말꺼요?
내가
누굽니까?
나 천하의
이경숙 입니다

내 성격에, 있지도 않은걸 섬기겠습니까?
하나님은 분명히 살아계십니다!!
그렇기에 나는 더 이상 술장사를 할 수 없다는 것입니다
저는 이제 주님의 자녀답게 진실되게 살것입니다
돈은 나중에라도 벌어서 꼭 갚겠습니다
에이! 돈이나 빨리 갚으쇼!
완전히 맛이 갔구먼 어서 갑시다!
그럽시다!

나는 룸싸롱을 폐업한 일에
조금도 미련을 갖고있지 않았다
쿵
그건 30년이 지난
지금도 마찬가지.
주님과의 사랑에 빠진 나는
기쁨을 견디지 못한체
주님을 증거하기에 여념이 없었다
가게에 오던 손님들
사회 부유층 인사들 모두
전도하고 다녔다
신기하게도
입만 열면
전도가 되었다
전도는 내 힘으로
하는것이 아니라
전적으로 주님의
힘으로 이루어졌다
주님이 기뻐하시는 것을
느낄 수 있었다.
전도는 너무나 쉬웠다

하지만..
내게 있어서
가장 힘든것은..
가족들이었다..
당시 내가 부양하던 식구는 나까지 일
어머니와 나의 두 딸
그리고 동생 3명..
생각해보니 식구들은
계속 내 행동을 등 뒤에서
주시하고 있었다
나만 의식하지
못하고 있었을 뿐..

새벽기도 다녀온 뒤 갖는
6시간의 경건의 시간..
만나는 사람들마다 붙들고
전도만 해대는 나의 모습..
..나를 이상한 사람으로
생각하는것도 당연할 수 밖에..
녀왔습니다
달칵
......

염려와
걱정의 눈초리..
나를 피하는
저 표정
……
달칵
후우우..

런 생계 대책도 없이
님만 찾는 내 모습에
가족들은 어느새 나를
쉬쉬하기 시작했다
잘 나가다가
예수님을 믿는 바람에
불쌍하게 된 것처럼..
어머니께서는
그런 내 모습에
화가나셨다..
쾅
쾅
얘!
경숙아!
이경숙!!

경숙아,
이 한심한 것아!!
어머니..
도대체 왜
가게문을 닫은거니?
앞으로 어떻게
먹고 살려고?
어머니..
이젠..그런 일은
하고싶지 않아요..
경숙아..
도둑질 빼고는
뭐든지
다 하라고 했다..
예수 믿는다고
술장사 하지 말란법이
어디있니?

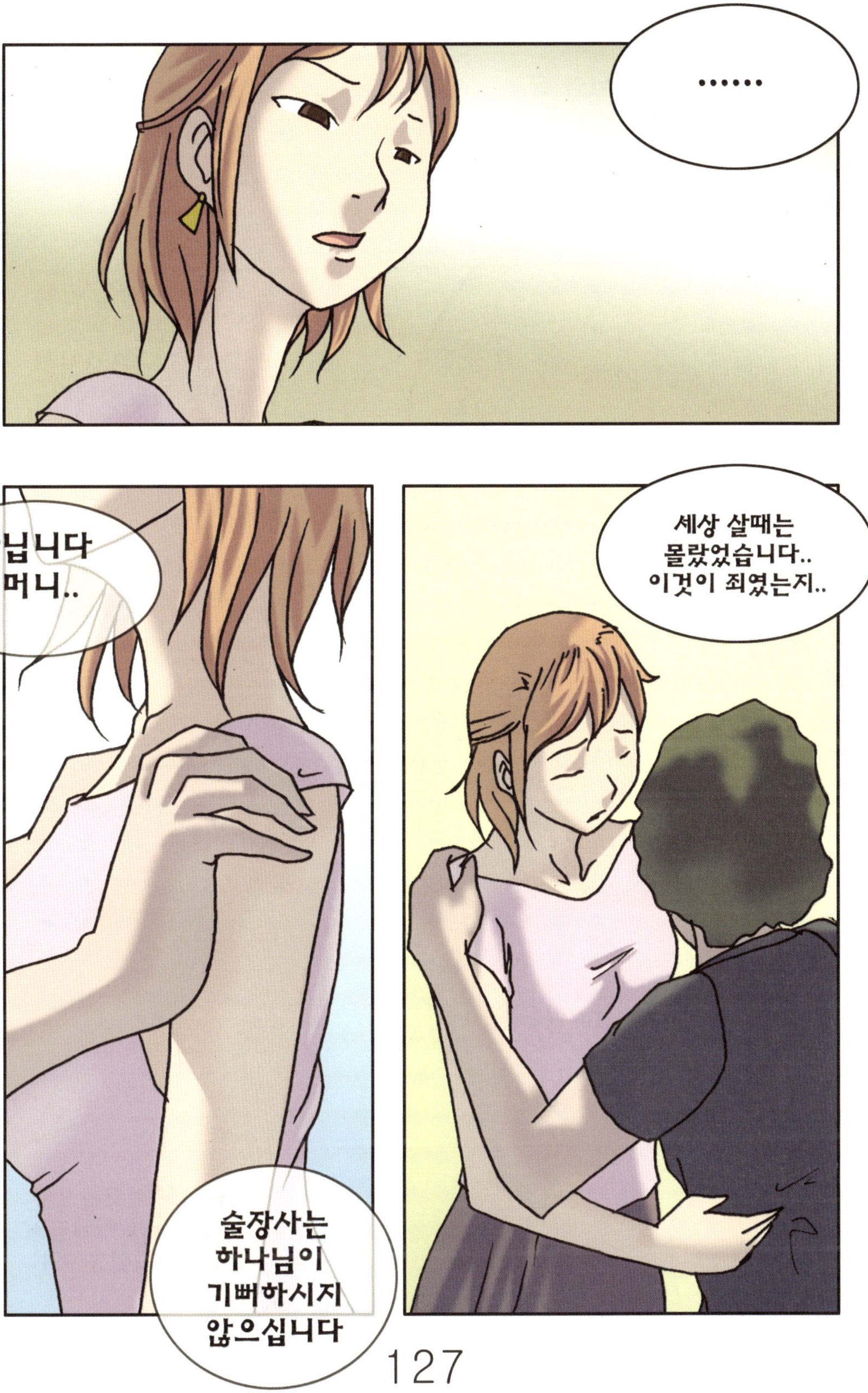
……
닙니다
머니..
술장사는 하나님이 기뻐하시지 않으십니다
세상 살때는 몰랐었습니다.. 이것이 죄였는지..

온갖 죄의 뿌리가 되는 술..
그 원인을 제공하는 술장사는
하나님 보시기에 합당한 사업이
아니었습니다..
쾌락을 팔아
돈을 버는것이
그렇게 나쁜것인지
정말 몰랐습니다..
그걸 늦게나마 깨달았으니
이제라도 사람답게 살고싶습니다..
하나님의 성품을 닮은
거룩한 하나님의
자녀가 되고싶습니다..

가 비록 가난하고
지가 된다 할지라도
올바르게 사는 것만이
사람답게 사는 것임을
깨달았습니다

이것은 하나님께 순종하는
삶이 될 것이기에
나는 절대 후회하지 않습니다

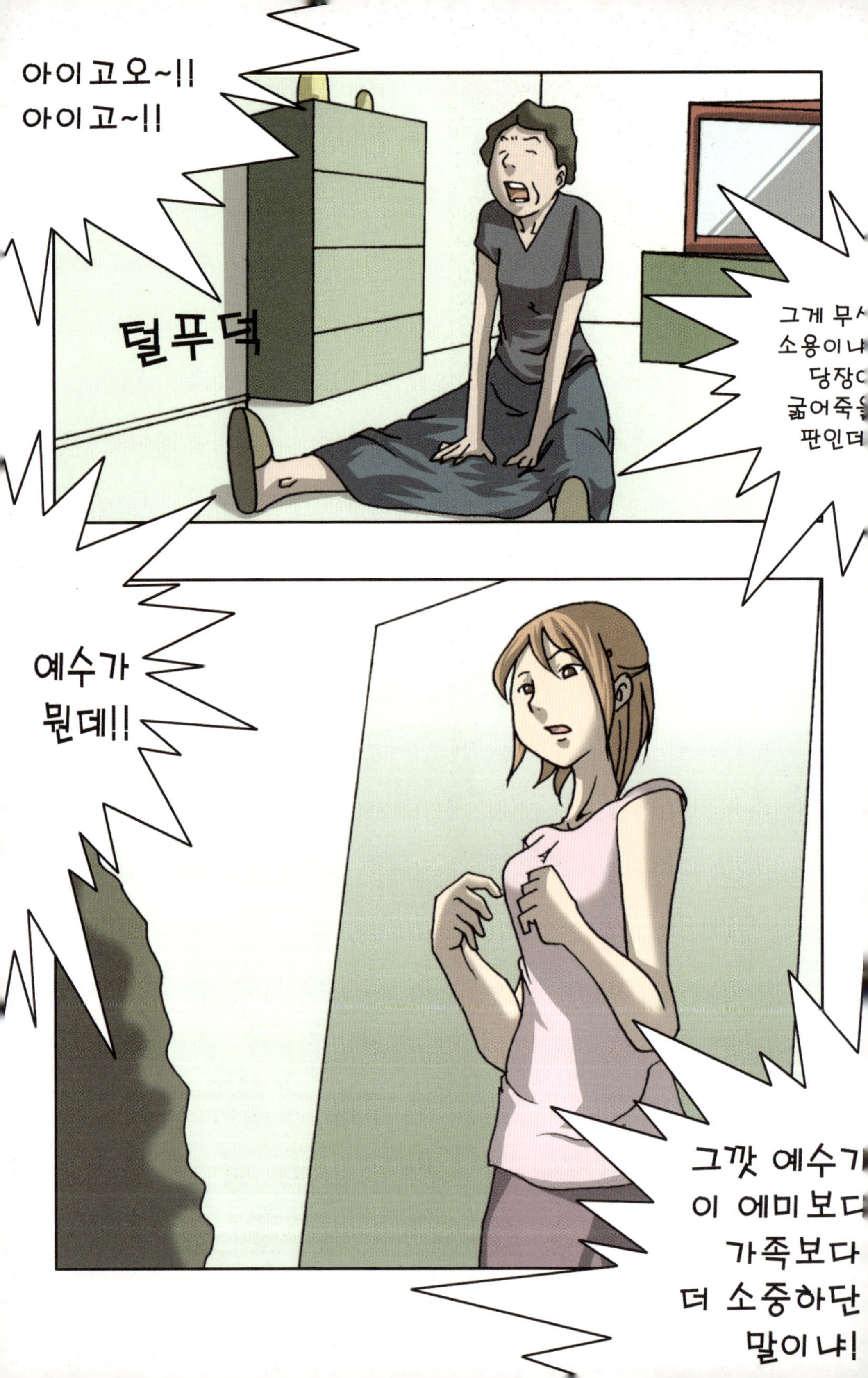
아이고오~!!
아이고~!!
털푸덕
그게 무
소용이
당장
굶어죽
판인
예수가
뭔데!!
그깟 예수
이 에미보
가족보다
더 소중하단
말이냐!

!!
으아아아아

콰당
....!!!
쏴아아아아
쿠르릉..

아아앙
꾸우욱..
촤아아악

쿠르르릉
하나님...
난 이제
어떻게 하나요...?
쏴아아아

달칵..
터벅
터벅..
으흐흑...
으흑..
쏴아아아아아

으아아아아
아아아아아악!!
쏴아아아아아

주님..주님..
주님이 싫어하시는
룸싸롱을 과감히
버렸습니다..
쌰아아아아
저는 이제
어떻게
살아갑니까..

지금 남은 재산도
이제 바닥이 보입니다..
이 다음엔 어떻게
살아야 하나요..
나만 바라보고있는
우리 여덟식구들을
어떻게 해야합니까?
그리고 남겨져버린
우리 종업원들은
어떻게 해야하나요?
제발..
살려주십시오
주님..!!

제발..
나를 버리지 마소서
주여...
딸아..
사랑하는
나의 딸아..

눈을 들어 보아라..
네 눈에 보이는
저 도시들..빌딩의 숲..
서로 아귀다툼하며
이 땅에 미련을 두고사는
저 인생들의 불쌍한 모습들을..
너는 왜 걱정하느냐
염려하지 말거라
이제 너의 집은
이 땅에 있는 것이 아니라
저 하늘에 있노라
왜 하늘에 집을 두고 있는 사람이
땅의 것에 미련을 두고 걱정하며
그토록 서럽게 울고있느냐

사람들이 아귀다툼하며 쌓아올린
저 고층아파트들도 내가 한번 밟고 지나가면
다 부서지는 것이 아니냐?
너는 이제 이 땅에
속한 사람이 아니라
저 하늘에 속한 사람이다.
내가 어찌 널 버리겠느냐
하늘나라를 위해 일하라.
너의 모든 것은
내가 책임을 질 것이다
다 내게 맡겨라!!
내가 너를
지켜낼 것이다!!

그래요 주님..
맞습니다..
제가 잠시
잊고있었던것
같습니다...
이제는 절대로
그런 일에
울지도 연연하지도
않겠습니다
그 날 주님과의 대화로 인해
난 더 이상 세상의 것에
연연하지 않게 되었다
그로부터 30년이 지난 지금도
난 단 한번도 후회한 적이 없다

눈물? 그것은 바로 진심이야.
비록 거짓으로 흘리는 눈물이라 할지라도
흘리는 순간만은 진심이 되어야 하기 때문이지..

- 슭作 북극성中 -

예수님
믿으세요
네?
척
어..어..?
아가씨도
꼭 구원받으세요
아가씨는
소중한
사람이니까요
네?
네..네 네네..
네네네..!??!
덥석

뭐야?
손님이야?
벙
벙
손님은 아니구 언니,
사탕 바구니 주고
예수믿으라면서
그냥 사라지던데?
사탕?
예수?
아하..!
그 선교사
아줌마구나!
알어,언니?
알다마다!
이 바닥에서
얼마나
유명한데?

선교사님 오실 줄 알았으면 미리 나와있는건데..
난 별루.. 솔직히 저런 사람들 맘에 안들어.
아니 왜?
자기네들끼린 엄청 깨끗한척 유난을 떨면서 우리는 더러운 것들인 양 전도하러 다니구.. 이상한거 밝히기나 하는 남자들이랑 다를게 뭐있어?
미림아, 저 선교사님.. 옛날엔 유흥업소의 사장님이셨대 그것도 전국구 규모의 엄청 커다란.
뭐?!
에이 설마아..
어머 얘가 사람말을 못믿네?

쨌든
느날 예수님을 영접하고는
흥업소들 때려치우고
도에만 충실 했다나
우와.. 신기하네?
리 사장님이나 좀
도해주시지..
나 이번주에 교회 한번 나가보려구
뭐? 진짜?
한번 느껴보고싶어,
차가웠다던
고사님이 모든것을 버리고
를정도의 존재라면
견 예수란 분이
떤 사람일지
자기 궁금해졌거든
너도 언젠가 알게될꺼야. 혹시 아니? 진짜 사랑이란게 무엇인지 알게될지도? 쿠쿠..
언닌 정말 못말린다니까.

저벅
저벅
저벅
저벅
달렸다..
앞만 보고 달렸다..
후회 한번 없이..
아직까지도
타오르는 열정에
밤잠을 설친다..
불쌍한 영혼들을
어서 구해야한다는
열정에..

그들을 향한
애절한 내 기도가
내 생활의 전부이고
그것이 내가
이 세상에 남아있는
이유이기도 하다
내 영혼을 은혜로
충만하게 채워주신
주님을 찬양하며
앞으로 남은 모든 생애를
주님의 사랑의 빚을 갚기위해
충성을 다하며 임할것을
다짐해본다

모든 영광을 주님께 돌리며...
주여 그 물을 내게도 주사

나로 하여금
다시는 목마르지
않게 하옵소서

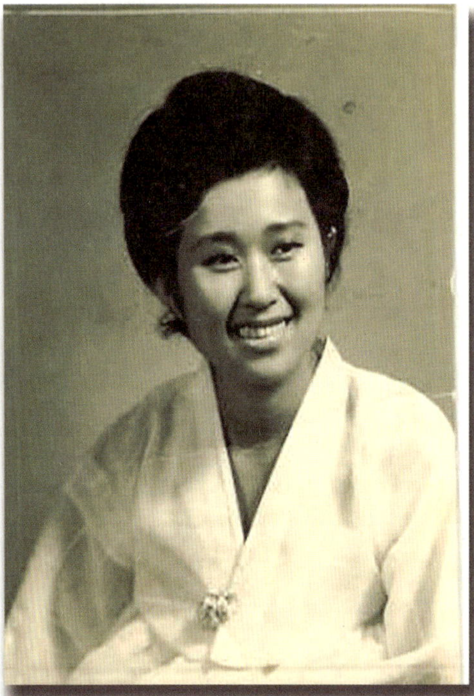

예수님 믿기 전 1970년과 71년 둘째딸과 ...

1976년 모습. 마음의 공허를 채우기 위해
자주 여행을 다니던 시절

최고의 교만과 사치를 누리며

1979년 신문사 취재 중 간증하는 모습...

1979년 예수님 영접 당시 병고침 받고. 방에서...

1980년 간증하는 모습들..

1992년 태국선교지에서...
(두리둥실 보름달같은 얼굴, 과거의 미모를 아무리 설명해도 전혀 안 믿어줌^^)

2002년 10월 27일 조은교회에서 재파송예배를 마치고...

가족들과 함께..

The End

글.그림 이슬기

1981년 12월 서울 출생

00년 서울상명공업고등학교 산업디자인과 졸
04년 대구미래대학 애니메이션과 졸
05년 갓피플 만화 연재
05년 제4회 CAM 기독만화공모전 가작 수상
06년 번동평화교회 청년부 섬김이
미래의 기독예술대학교 총장

'인간주제에 신을 사랑한 남자'

홈페이지 http://www.cyworld.com/abiners

채색 김운하

1982년 2월 서울 출생

00년 서울상명공업고등학교 산업디자인과 졸
06년 번동평화교회 섬김이
미래의 애니메이션 감독

세계수가선교회(SWM)

유흥가 이웃들에게 예수님을
소개하고자 1986년 10월에 창립된 초교파 선교단체입니다.

예수님께서 수가성의 여인을 직접 찾아가셔서 최초의 복음을 전하셨던 것처럼 수가선교회는 유흥가 이웃을 향한 최초의 선교단체로 목마른 이웃들에게 생명수 되시는 예수님을 증거하고 있습니다.

선교회홈페이지:http://www.sugamission.org

이경숙선교사 약력

* 대구신학대학. 총신대선교대학원 석사.
* 현, 미국 웨스트민스터 신학대학원 목회상담학 박사 수료.

* CBS새롭게 하소서(1986), 다큐 '땅에서도 이루어지이다'(1986)
* CBS다큐 '신앙과 삶'(1997) 기독신문, 국민일보, 교계신문 등 언론보도.
* CTS 기독교 TV '42번가의 기적' 2회 출연 (2002)
* 대구지역 유흥가선교를 위한 복음화대회 7회 개최(1991-1997)
* 총회세계선교회(GMS) 파송 선교사(일본, 1998-2004)
* 현, 샘물교회 담임. 세계수가선교회 대표.

목마름

글그림 / 이슬기
채 색 / 김운하
발행인 / 성시선
발행일 / 2006. 09. 30
등록번호 / 충남 예산 1 호
발행처 / 보물지도
주 소 / 충남 예산군 고덕면 호음리 6번지
우편번호 / 340-934
전 화 / 041-338-0268
팩 스 / 041-338-5480

WWW.BOMULJIDO.CO.KR
전국 기독서점이나 일부 일반 서점에서 구입하세요

ISBN 89-950929-4-7 07230

값 5,500 원